Book Design by JIMMY WACHTEL

TAKE IT EASY

WITCHY WOMAN

PEACEFUL EASY FEELING

Take It Easy

Words and Music by
JACKSON BROWNE and GLENN FREY

Moderate Country feeling

Witchy Woman

Words and Music by
BERNIE LEADON and DON HENLEY

Woo - hoo, witch-y wom - an, See how high__ she flies.____

Woo - hoo, witch-y wom - an, She got the moon__ in her eyes.____

To Coda

She

held me spell-bound in__ the night,__ Danc-ing shad-ows and fire-light,

Peaceful Easy Feeling

Words and Music by
JACK TEMPCHIN

with a bil-lion stars all_ a-round._____ 'Cause I got a

peace-ful_____ eas-y feel-in', and I know you won't_

____ let me_ down,_____ 'cause I'm al - read-y stand-in'

on the ground._____

17

Coda

I'm__ al - read-y stand-in', yes, I'm__ al -

read-y stand-in' on the ground._____

Whoa._____

DESPERADO

TEQUILA SUNRISE

Desperado

Words and Music by
DON HENLEY and GLENN FREY

Tequila Sunrise

Words and Music by
DON HENLEY and GLENN FREY

It's an-oth-er te-qui - la sun - rise star-in' slow-

ly 'cross the sky, said good - bye.

THE BEST OF MY LOVE

ALREADY GONE

The Best Of My Love

Words and Music by
DON HENLEY, GLENN FREY and JOHN DAVID SOUTHER

33

34

Already Gone

Words and Music by
JACK TEMPCHIN and ROBB STRANDLUND

ONE OF THESE NIGHTS

LYIN' EYES

TAKE IT TO THE LIMIT

One Of These Nights

Words and Music by
DON HENLEY and GLENN FREY

46

47

Lyin' Eyes

Words and Music by
DON HENLEY and GLENN FREY

Take It To The Limit

Words and Music by
RANDY MEISNER, DON HENLEY and GLENN FREY

56